Conservez cette pour

HISTOIRE

DE LA

TERREUR

PENDANT LA

RÉVOLUTION FRANÇAISE

PAR M. DUPONT

1re LIVRAISON

AU MANS
CHEZ L'AUTEUR ET LES PRINCIPAUX LIBRAIRES
1859

HISTOIRE

DE LA

TERREUR

PENDANT LA

RÉVOLUTION FRANÇAISE

PAR M. DUPONT.

L'histoire de la TERREUR formera un beau volume in-18, très-compacte et bien imprimé. Cet ouvrage sera d'abord publié par livraisons. Le prix de chaque livraison, composée de 36 pages de texte . . . . 50 c.

En vente chez les principaux libraires, et chez l'auteur, rue du Mouton, 20, au Mans.

SOMMAIRES DE LA PREMIÈRE LIVRAISON.

CHAPITRE PREMIER

Origines et causes de la Terreur.

Luther divise le monde en élus et réprouvés. — Calvin sème la discorde et sanctifie la vengeance. — Le protestantisme n'est pas conforme aux principes de l'Évangile. — Guerre civile. — Les philosophes : Montaigne, La Boëtie, Spinoza, Voltaire, d'Holbach, J.-J. Rousseau. — Alliance des princes et des philosophes. — Conclusion sur l'athéisme et sur le théisme. — Apparition prématurée de la terreur. — Pouvoir absolu, justice héréditaire, et féodalité avant la révolution.

CHAPITRE II

Révolution de 89. — Inauguration de la terreur.

Assemblée nationale ; ses travaux. — La loi électorale en contradiction avec son principe, pourquoi ? Réponse de Marat ; protestations de Desmoulins, de Robespierre. — Importants débats sur la peine de mort ; chefs-d'œuvre d'éloquence, de raison et de bon sens. — La peine de mort est conservée ; joie de Marat ; fausseté de son principe. — La loi martiale, instrument d'abus ; le chômage. — Inconséquences des Constitutionnels. — La TERREUR est inaugurée. — Marat se prépare au combat. Son portrait ; sa mission, son rôle ; sa doctrine sanguinaire et anarchique. Utilité de son art prophétique. Sa mort prématurée fut un malheur pour le peuple.

Le Mans. — Impr. Dehallais, du Temple et Cᵉ. — 439

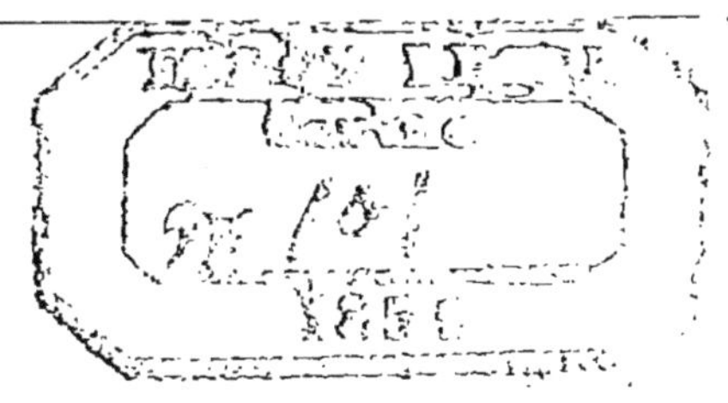

HISTOIRE DE LA TERREUR

CHAPITRE PREMIER.

Origines et causes de la Terreur.

Luther divise le monde en élus et réprouvés. — Calvin sème la discorde et sanctifie la vengeance. — Le protestantisme n'est pas conforme aux principes de l'Évangile. — Guerre civile. — Les philosophes : Montaigne, La Boëtie, Spinoza, Voltaire, d'Holbach, J.-J. Rousseau. — Alliance des princes et des philosophes. — Conclusion sur l'athéisme et sur le théisme. — Apparition prématurée de la terreur. — Pouvoir absolu, justice héréditaire, et féodalité avant la révolution.

Pendant les six premiers siècles du christianisme, l'Église n'exploita que le domaine des choses purement spirituelles; la puissance temporelle et la papauté sont postérieures à sa naissance. Au XIIIe siècle, Rome, cette ville des pontifes, avait une splendeur sans égale et prédominait sur toutes les nations circonvoisines. En Europe, Boniface VIII fut généralement applaudi lorsqu'il dit, dans sa bulle *Ausculta, fili :* « Dieu nous a constitués, quoique indirectement, au-dessus des rois et des royaumes. » C'est qu'alors princes et peuples étaient nécessairement soumis aux volontés de l'Église, qui gouvernait sciemment les chrétiens. En matière de religion, la liberté de parler et d'écrire lui était subordonnée.

Au XIVe siècle, les sciences commencèrent à se développer en Europe; beaucoup de savants étrangers y apportèrent leurs langues, et, au moyen de l'imprimerie qui venait d'être inventée, firent renaître le goût des belles-lettres. Mais pendant quelque temps l'Europe fut divisée par les factions; il n'y eut pas un royaume qui ne fût en guerre ou en discorde. Un grand schisme déshonorait la religion; pour l'anéantir, il fut urgent que les principaux des nations se rassemblassent en concile; et c'est ce qui eut lieu à Constance. Dans cette réunion où tous les royaumes, toutes les républiques du monde civilisé eurent députés, ambassadeurs, cardinaux, théologiens, fut résolue la question de supériorité entre les conciles et les papes. En principe il fut décidé que les assemblées étaient supérieures au pouvoir d'un seul; tel fut le premier coup porté au pouvoir temporel des papes. Après avoir été jusqu'alors les arbitres du monde chrétien, les papes furent condamnés devant ce tribunal à reconnaître des supérieurs et à se soumettre aux jugements des conciles.

Par suite des livres nombreux qu'on vit alors

sortir de la presse, beaucoup de moines abandonnèrent le cilice et les verges, et la plupart se marièrent. Les excommunications autrefois si redoutées, devinrent l'objet de singulières plaisanteries. On fit des feux de joie avec le papier des bulles; saints de plâtre ou de marbre furent abattus et insultés.

La seule préoccupation des réformateurs fut la liberté de conscience, d'où cette maxime de Luther : « Nul n'a droit sur la conscience de l'élu du Seigneur. » Ce cri répété de ville en ville réveilla les opinions. Léon X, qui d'abord n'avait fait qu'en rire, en vint à implorer le moine rebelle qui ne voulut rien écouter; au contraire, il donna un grand exemple de rebellion en brûlant sur un bûcher, en présence de la jeunesse de Wittemberg, le livre des décrétales et la bulle du pape. Il publia ensuite un écrit intitulé : *Contre l'exécrable bulle de l'Antechrist*, dans lequel il excommuniait le pape au nom de la sainte vérité de Dieu. Ce fut en Allemagne une grande agitation. Les livres du réformateur ne suffisant pas à l'attente, on se les arracha des mains. La noblesse accueillit Luther avec des transports de joie et assura son triomphe. La liberté d'écrire et d'exprimer publiquement sa pensée fut inaugurée par cet événement qu'on nomma la Réformation, et dont la religion adoptive est le Protestantisme.

En réformation, voici quelle fut la pensée de Luther : « Pour le chrétien, la foi seule est nécessaire ; croire au bienfait du sang versé par le Christ ; croire à la rédemption est le salut. — Depuis le péché originel, l'homme étant incapable de se sauver de lui-même, ne peut l'être que par la foi.... Mais n'a pas la foi qui veut, Dieu la donne ou la refuse ; il la donne à qui il lui plaît. » Cette doctrine paraît fondée sur les passages de l'Évangile où il est parlé des élus et des réprouvés. Mais dans l'Évangile, Dieu laisse à tous les hommes la liberté de se sauver ; tandis que dans la Réformation, il n'ouvre la voie du salut qu'avec préférence. Selon les Évangélistes, la charité est l'œuvre suprême ; selon Luther, la suprématie appartient à la foi.

En divisant la société en élus et réprouvés, Luther donna lieu à Calvin d'armer les uns contre les autres en prêchant la haine, en sanctifiant l'extermination des réprouvés par les élus. Luther avait dit : *Nul n'a pouvoir sur la conscience de l'élu du Seigneur*. Calvin vint dire à son tour : *L'élu du Seigneur a pouvoir sur le réprouvé*. La doctrine de Luther était pour les forts un régime de garanties ; Calvin la transforma en un régime d'oppression. De cette division de la société en élus et réprouvés, chacun prétendit être du nombre des élus. Mais dans un combat, gloire à la force ; les forts se proclamèrent les élus, et les faibles se trouvèrent être les réprouvés.

On peut se faire une idée juste des disciples que se fit Calvin en lisant ce discours que Renée de France lui écrivit : « Je n'ai pas oublié ce que vous m'avez écrit, que David haïssait les ennemis du Seigneur de haine mortelle, et je n'entends point de contrevenir ni de déroger en rien à cela ; car, quand je saurais que le roi mon père, et la reine ma mère, et feu monsieur mon mari, et tous mes enfants seraient réprouvés de Dieu, je les voudrais haïr de haine mortelle et leur désirer l'enfer. »

La guerre commença en France par la conjuration d'Amboise. Comme au temps de Carrier, les corps des vaincus couvrirent la Loire. Prêt à mourir, un protestant emplit ses mains du sang de ses compagnons qu'il jeta en l'air, puis les élevant sanglantes : « Voilà le sang innocent des tiens, ô grand Dieu ! et tu le vengeras ! » La prédiction s'accomplit de reste ; partout où existait la haine fut l'assassinat. L'abaissement des caractères devint tel qu'on conseilla François II d'assassiner Condé, chef des protestants. Le roi s'y étant refusé, il fut traité de lâche. Cette prétendue lâcheté, dit-on, ne fut pas celle de Charles IX qui, conduisant six gentilshommes sur le chemin que La Mole devait prendre pour aller chez le duc d'Alençon, leur recommanda de l'étrangler avec des cordes. Au colloque de Poissy avaient été réunis chefs catholiques et chefs protestants, tous en proie à des sentiments de haine et à des projets de meurtre que ne calmèrent point ces belles paroles de Michel de L'Hôpital : « Je prie les savants de ne point mépriser ceux qui leur sont inférieurs en science, et les autres de ne point envier ceux qui en savent plus qu'eux ; et tous ensemble de laisser les disputes vaines. Catholiques et protestants, vous avez été régénérés par le même baptême ; vous êtes adorateurs d'un même Christ : vous êtes frères. »

Après les guerres de religion commença la philosophie. Montaigne vous peignit les hommes comme une société d'ennemis toujours en guerre. « Le marchand ne gagne que par les folies des autres ; le médecin vivra de votre maladie et le prêtre de votre mort... Démembrez-vous de la société, vous et un compagnon, êtes assez suffisant théâtre l'un à l'autre, et vous à vous-même. » Pendant que Montaigne prêchait la division et l'individualité des hommes, Étienne de la Boëtie, dans un style évangélique, les exhortait à l'unité, à la fraternité. « S'il y a rien de clair et d'apparent dans la nature, et en quoy il ne soit pas permis de faire l'aveugle, c'est que nature, le ministre de Dieu et la gouvernante des hommes, nous a tous faicts de mesme forme, et comme il semble à mesme moule, afin de nous entreconoistre pour compagnons ou plustost frères. Et si, faisant le partage des présents qu'elle nous donnoit, elle a faît quelques avantages de son bien, soit au corps ou à l'esprit, aux uns plus qu'aux autres, c'est qu'elle vouloit faire place à la fraternelle affection, affin qu'elle eust à s'employer, ayant les uns puissance de donner ayde et les autres besoin de recevoir... » Certainement, c'était là un discours sage et honnête. Proclamer la liberté de l'homme, soumettre la puissance des uns aux besoins des autres est évidemment la pensée dominante de l'esprit évangélique.

Après avoir beaucoup raisonné de la nature de l'homme, de ses droits et devoirs, on en vint à traiter de la nature divine. De tous les systèmes, celui de Spinoza eut la plus haute renommée. Il définit Dieu : une substance infinie dont les attributs principaux sont la pensée et la matière, et dont les êtres finis ne sont que des modes. L'âme humaine, il la définit : une simple collection d'idées, un mode de la pensée divine; puis il ajouta : « L'âme ne fait point sa destinée, elle la subit; elle n'agit pas, *elle est agie.* » En reconnaissant que Dieu seul est libre, que sa liberté consiste dans l'absolue nécessité d'un éternel développement, et que tous les êtres finis dépendent de la nature divine, Spinoza fut inspiré à nier en soi le libre arbitre. Il ne considéra la vertu et le vice, le mérite, le dévouement que comme choses relatives que chacun peut apprécier à sa manière. « Tout est nécessaire dans la nature comme provenant de l'absolue nécessité qui est en Dieu; le bien et le mal ne sont que des désignations vaines et futiles. »

Nous voici à la seconde moitié du XVIIIe siècle; là commence à se développer la philosophie d'où sortit la Révolution française. Alors se trouvèrent réunis ou parurent tour à tour Voltaire, Diderot, d'Alembert, Frédéric, roi de Prusse, le baron d'Holbach, Fréret, Boulanger, Buffon, Helvétius, J.-J. Rousseau, Mably et Necker. Ces hommes se séparèrent en trois écoles distinctes dont je parlerai tour à tour.

« On n'a jamais entendu, dit Voltaire, éclairer les cordonniers et les servantes... Je vous recommande l'infâme (la superstition), il faut la détruire chez les honnêtes gens et la laisser à la canaille. — C'est le nombre des gens qui pensent qui fait le public, et il sera toujours respectable; le reste est le vulgaire. Travaillez donc pour ce petit public, sans vous exposer à la démence du grand nombre. » Idolâtre de la royauté, il disait au grand Frédéric, roi de Prusse : « Vous êtes fait pour être mon roi... délices du genre humain... Vous avez fait ce que faisait le peuple d'Athènes; vous valez bien ce peuple à vous tout seul... Pour être bon chrétien, il faut respecter, aimer, servir son prince. » — « On ne s'était pas douté, écrivait-il à d'Alembert, que la cause des rois ne fût celle des philosophes; cependant il est évident que les sages, qui n'admettent pas deux puissances, sont les premiers soutiens de l'autorité royale. » Il ne voulait pas qu'on fît un libelle contre un roi. « Je voudrais, dit-il, qu'on eût jeté au fond de la mer toutes les histoires qui nous retracent les vices et les fureurs des rois. » En religion, son désir dominant fut de séparer le spirituel du temporel, et de subordonner la religion à l'État. « Si la plupart des rois, écrivait-il à Frédéric, ont encouragé le fanatisme dans leurs États, c'est qu'ils étaient ignorants, c'est qu'ils ne savaient pas que les prêtres sont leurs plus grands ennemis... L'Europe n'est-elle pas encore remplie des traces de l'ambition ecclésiastique? Des évêques devenus princes et ensuite vos confrères dans l'électorat, un évêque de Rome foulant aux pieds les empereurs, n'en sont-ils pas d'assez forts témoignages? » Cependant Voltaire prenait soin d'aller à la messe, et il communiait. Il lui arriva même de faire construire une église. Il écrivit à ses amis : « Quand on a l'honneur de rendre le pain bénit à Pasques, on peut aller partout la tête levée. »

On peut deviner pourquoi Voltaire fut déiste : inspiré par le génie de la fortune, il crut que l'inégalité des hommes est éternelle, et que la subalternisation en est une des conséquences nécessaires. Il comprit que ce système est le pouvoir unique, et qu'il est fondé sur l'existence présumée de l'Être suprême. « Si Dieu n'existait pas, il faudrait l'inventer. » Croyant l'existence de Dieu utile au monde, Voltaire voulait qu'on la reconnût, afin qu'elle devînt une science qu'il serait nécessaire d'enseigner.

L'école de l'athéisme fut représentée par d'Holbach qui publia, en 1770, le *Système de la Nature.* Dans cet ouvrage, la nature est infinie; elle est composée de l'infinité numérique des corps. Rien n'est surnaturel, ni immortel, ni créé; chaque être n'est que le résultat des transformations de la substance. Dieu n'est qu'une invention humaine, et l'âme humaine un être chimérique. « Laissons à l'enthousiaste ses espérances vagues; laissons au superstitieux les craintes dont il nourrit sa mélancolie; mais que des cœurs raffermis par la raison ne redoutent plus une mort qui détruira tout sentiment. » Voici d'autres idées éparses, qui dès longtemps se trouvaient dans les livres :

« S'il existait un Dieu, il serait essentiellement présent à nos sens, à nos âmes, à nos esprits et à nos cœurs; ou bien il serait la cause de notre erreur et de notre aveuglement, et cela est impossible dans l'hypothèse d'un Dieu parfait. . . .

«Je voudrois comme vous qu'il existât un Dieu;
Mon plus ardent désir serait de le connaître;
Mais jamais personne n'eût pu le méconnaître,
Et son immensité percerait en tout lieu.

LALANDE.

« Oserions-nous publier que la religion
Naquit du fanatisme et de l'ambition;

Que son unique objet, Dieu, n'est qu'une chimère,
Un fantôme impuissant, une ombre mensongère. »

MARTIN DE BUSSY.

« Dieu n'est pas le créateur de l'homme, mais celui-ci est le créateur de Dieu qu'il a tiré du néant. »

LISZINKI.

« On meurt sans ressource, et sans réserve aucune;
S'il est après ma mort quelque chose de moi,
Ce reste un peu plus tard suivra la même loi,
Fera place à son tour à de nouvelles choses,
Et se replongera dans le sein de ses causes.......
Tout meurt en nous quand nous mourons;
La mort ne laisse rien et n'est rien elle-même;
Du peu de temps que nous durons,
Ce n'est que le moment extrême. »

HÉNAUT.

« Quatre religions lui plurent à la fois;
Et son indifférence était si peu commune,
Qu'après quatre-vingts ans il eut à faire un choix,
Le bonhomme partit et n'en chosit pas une. »

Isaac LAPEYRIÈRE.

Rejetant la doctrine de l'athéisme qui ôte à l'homme vertueux l'idée consolatrice d'une justice suprême et l'espoir d'une récompense méritée, Jean-Jacques reconnut l'existence de l'Être suprême, l'existence d'un Dieu tutélaire et juste, effroi du crime et soutien de la vertu.

Par un beau jour d'été, aux rayons du soleil levant, au centre d'un paysage couronné dans l'éloignement par la chaîne des Alpes, le vicaire savoyard de Jean-Jacques exaltait le sentiment : « ... Au ravissement où me plonge le spectacle de l'univers, je sens la présence de l'indivisible ordonnateur des mondes : donc, il faut que je l'atteste et que je l'adore... Le triomphe des méchants durant la vie m'indique l'immortalité comme la justification de Dieu; donc j'ai une âme, et elle est immortelle. Je sens qu'après avoir délibéré je veux : donc je suis une créature libre. Si l'intérêt personnel était l'unique inspirateur de mes actes, mes yeux auraient-ils des larmes pour un malheur éloigné? et serais-je pénétré d'admiration pour les véritables héros des siècles éteints? Non, je le sens; donc ma vie n'est pas à moi seulement, elle est à l'humanité. » Il disait à son Émile : « Je regarde toutes les religions particulières comme autant d'institutions salutaires au monde... Je les crois toutes bonnes quand on y sert Dieu convenablement. Il fallait un culte uniforme, je le veux bien... Mais le culte essentiel est celui du cœur; quand il est sincère, il est toujours uniforme, et Dieu n'en rejette point l'hommage, car il veut être adoré en esprit et en vérité... aussi je le sers dans la simplicité de mon cœur. — Dès que les peuples se sont avisés de faire parler Dieu, chacun l'a fait parler à sa manière et lui a fait dire ce qu'il a voulu. Si l'on eût écouté ce que Dieu dit au cœur de l'homme, il n'y aurait jamais eu qu'une seule religion sur la terre. — L'Évangile contient des caractères de vérité grands et frappants, mais aussi beaucoup de choses que tout homme sensé ne peut ni concevoir ni admettre. Que faire au milieu de toutes ces contradictions? Être toujours modeste et circonspect, mon enfant; il faut respecter en silence ce qu'on ne saurait ni rejeter ni comprendre, et s'humilier devant le grand Être qui seul sait la vérité. »

Les rois eux-mêmes favorisaient la conspiration de la pensée. Le grand Frédéric entretenait une correspondance avec les savants. Comme Joseph II, il lançait sa foudre contre le clergé, et cherchait à détruire les couvents dans son royaume. Il était sensible à cet éloge de Voltaire : « Votre idée d'attaquer la superstition christicole par les moines est d'un grand capitaine. » Le pape Benoît XIV agréa la dédicace d'un livre où Voltaire dénonçait l'intolérance du fanatisme religieux. Cédant aux instances des encyclopédistes, Clément XIV signa le bref qui supprimait les jésuites dans tout l'univers. Les princes étaient devenus sensibles aux louanges des écrivains flatteurs : Gustave III recherchait l'admiration des philosophes; Christian VII, roi de Danemarck, s'honorait devant Louis XV d'avoir appris de Voltaire à penser; et l'impératrice de Russie n'était pas indifférente aux écrits de M. de Voltaire. Dans sa joie, Voltaire écrit à Damilaville : « J'ai brelan de roi quatrième. » Tous les rois et reines maniés comme un jeu de cartes, par Voltaire, durent être bien étonnés quand ils virent le chef des athées s'écrier avec ses disciples : « Que voyons-nous dans ces potentats qui de droit divin commandent aux nations, sinon des ambitieux que rien n'arrête, des cœurs parfaitement insensibles aux maux du genre humain. » — « Peuple lâche, imbécile troupeau ! vous vous contentez de gémir quand vous devriez rugir ! » Ils s'indignaient de voir des milliers d'hommes conduits par une « douzaine d'enfants appelés rois... »

Aristophane, dans l'antiquité, avait écrit ces lignes instructives : « Depuis qu'Euripide a persuadé aux hommes qu'il n'y a point de dieux, je ne vends plus de couronnes. » Et Mécène donnait ce conseil à l'empereur Auguste : « Ne souffrez point les athées ; ils sont dangereux dans la monarchie. » Les rois philosophes ne comprirent point que l'introduction de l'athéisme dans les sciences amènerait la fin de leur règne. Ce fut l'inconséquence du grand Frédéric qui fit l'éloge de l'athée La Mettrie, et le fit prononcer, dans une séance de l'académie de Berlin, par un secrétaire de ses commandements. Telle fut aussi l'aveugle opinion de César, qui, devant le sénat romain, tâchait d'établir le dogme de la *mortalité* de l'âme. Ceux qui voulurent la république sociale et indivisible, et la crurent possible sous *les auspices et la protection de l'Être suprême,* se trompèrent également. Tel fut Caton autrefois, et depuis, Jean-Jacques et Robespierre. Ils parurent ignorer que l'idée de l'Être suprême en soi est le dogme énigmatique du pouvoir unique dans le monde, et qu'un Dieu ordonnateur de l'univers est le modèle d'un chef dans chaque société, et que son existence, une fois admise dans les sciences et les institutions, prédispose les hommes au régime monarchique, rend légitime le titre des rois et consacre leur règne.

Une révolution prochaine était pressentie de plusieurs; Galiani écrivit : « J'attends un code entier au lieu d'une seule loi... si la confiance prend sa place, il faut changer toute la machine : un nouvel ordre de choses se présente à ma vue. » Rousseau écrivit dans *Émile* : « L'ordre actuel de la société est sujet à des révolutions inévitables. — Nous approchons de l'état de crise et du siècle des révolutions. — La révolution va venir ! » Mais quelle serait la cause de ces révolutions, leur portée, leur but ? On sait que la société fut divisée par Luther en élus et en réprouvés, et par Quesnay, en individus productifs et individus improductifs. Politiquement, Luther avait entendu par *réprouvés*, les *simples* travailleurs, et Quesnay pensa de même quand il nomma improducteurs ceux qui travaillent, et producteurs ceux qui font travailler; ceux qui, sans mérite, profitent du travail : les propriétaires oisifs! Eh bien! de la doctrine anti-évangélique de Luther, de celle anti-sociale de Quesnay, est sorti le décret constitutif des *citoyens actifs* et *citoyens passifs*... Necker protesta contre ces systèmes absurdes et sacriléges : « Eh quoi! les représentants de l'ordre public pourraient me contraindre à éteindre un incendie, à mourir dans une bataille, et ils ne veilleraient pas à ma subsistance; ils n'établiraient pas les lois qui peuvent la garantir! Ils ne modéreraient pas l'abus possible de la richesse envers l'indigence, de la force envers la faiblesse... On dirait qu'un petit nombre d'hommes, après s'être partagé la terre, ont fait des lois d'union et de garantie contre la multitude... Cependant, on ose le dire, après avoir établi des lois de propriété, de justice et de liberté, on n'a presque rien fait encore pour la classe la plus nombreuse des citoyens... » Et ce discours tant de fois répété dans les loges de la franc-maçonnerie : « Le salut n'est point où les trônes brillent défendus par des épées et où fument les encensoirs, et où, le long des champs couverts de moissons, des milliers d'hommes s'en vont affamés. La révolution qui va éclater sera stérile, à moins qu'elle ne soit complète. »

Ces protestations annonçaient que la révolution ne s'arrêterait pas à la réforme des priviléges, mais seulement devant le problème de la solidarité humaine. A quelques-uns, la révolution de 93 apparut d'avance terrible et inexorable. M. de Hercé, évêque de Dol, devina ce que la tempête révolutionnaire contenait de sinistre. Se trouvant à Paris avec les députés bretons, il crut devoir profiter de cette occasion pour instruire le roi des dangers qui menaçaient la France. Il révéla à Louis les maux affreux qu'il entrevoyait dans l'avenir prochain; il lui représenta la religion renversée, la monarchie détruite, et la France ensanglantée. Tels furent aussi les pressentiments de l'illuminé Cazotte. Se trouvant à dîner avec beaucoup de gens de cour et de philosophes, Cazotte prédit au futur législateur de l'infortunée GIRONDE, M. de Condorcet, qu'il s'empoisonnerait pour échapper au bourreau; à Bailly, qu'il mourrait sur l'échafaud; à Chamfort, qu'on le réduirait à se couper les veines; à la duchesse de Grammont, qu'elle et beaucoup d'autres seraient conduites en charrette à la place des exécutions, les mains liées derrière le dos. Et comme les dames le prenaient sur un ton railleur, elles lui demandèrent en plaisantant s'il leur laisserait un confesseur. Cazotte leur répondit en style de prophète, que le dernier supplicié qui en aurait un, ce serait le roi de France.

Avant la révolution, le pouvoir du roi était absolu. Il était, pour ses ministres, un moyen de satisfaire leurs passions et venger leurs ressentiments. En vertu de lettres de cachet, beaucoup de nobles et d'hommes de lettres allèrent expier à la Bastille leur crime ou leur témérité. Mazers de Latude y fut livré aux tourments les plus odieux durant trente-cinq années de captivité, et dans des cachots profonds, infectés de crapauds, de lézards et de rats vomis par le grand égout de la rue Saint-Antoine. A la prise de cette forteresse, on trouva dans la salle du conseil une lettre de Latude, adressée à Mme de Pompadour, dans laquelle était cette phrase : « Le 25 de ce mois de septembre (1760), à quatre heures du soir, il y aura cent mille heures que je souffre. »

C'était au nom du roi que la justice était rendue, conformément à cette maxime : LE ROI EST LA SOURCE DE TOUTE JUSTICE. Mais quelle justice que celle qui s'exerce en dehors des formalités nécessaires à l'accusé? N'est-ce pas l'oppression de l'individu? Quand le roi livrait ses ennemis à des commissions qu'il avait choisies à dessein et devant lesquelles il paraissait en qualité de témoin à charge, la justice était-elle autre chose qu'un vain mot, qu'un nom cachant l'action de la tyrannie? C'était par les parlements que la justice était rendue. Le droit de justice se transmettait par héritage ou acquisition d'une propriété à laquelle cette prérogative était accordée. LA JUSTICE ÉTAIT PATRIMONIALE EN FRANCE. Les parlements jugeaient en secret, sans permettre à l'accusé un défenseur en matière criminelle. La peine capitale était la mort après l'emploi de la torture, à quoi succédaient souvent les rigueurs de l'inquisition. Leur juridiction fut tachée d'atrocités. Condamné par eux, le calviniste Calas fut roué vif à Toulouse. Pour s'être tenu couvert à trente pas d'une procession, le jeune chevalier de la Barre fut condamné par le parlement de Paris à avoir le poing coupé, la langue arrachée avec des tenailles, et ensuite brûlé. A l'égard de ce dernier supplice, le tolérant Voltaire laisse éclater sa redoutable colère : « Y a-t-il une plus exécrable tyrannie que celle de verser le sang à son gré sans en rendre raison? Ce n'est pas l'usage, disent les juges. Eh, monstres! il faut que cela devienne l'usage. Vous devez compte aux hommes du sang des hommes. »

Les seigneurs féodaux étaient plus ou moins intolérants envers leurs vassaux. Chez eux, il était d'usage de couper l'oreille au serf qui s'était enfui trois fois ; la main droite à celui qui retombait une seconde fois dans la faute de travailler le dimanche, et de punir de la castration tout serf convaincu d'avoir volé quarante deniers. Tel seigneur, mécontent de son fermier, le faisait enfermer dans les cachots de son château ; il agissait de même envers les personnes qui lui étaient importunes. C'était pendant la nuit qu'avaient lieu ces arrestations arbitraires. Tel individu fut enlevé à l'improviste et ne revit plus le jour. Il est encore de ces antiques châteaux dont les caves souterraines contiennent des squelettes humains pendus par le menton à des crocs. On y a trouvé des puits-oubliettes ; par l'élan de leur chute, les malheureux qu'on y précipitait s'enfilaient à des broches de fer aiguës tenant à la muraille, et y mouraient dans une agonie cruelle. Le comte de Charolais ne fut pas le seul à commettre de telles atrocités, lui, dont on raconte qu'il tirait à coups de fusil sur les couvreurs pour se donner le plaisir de les précipiter du haut des toits. Après ce récit, peut-on s'étonner que la révolution fut inexorable? Tant de meurtres commis de sang-froid devaient, sur une fin, provoquer les plus terribles vengeances que n'ait commis un peuple en délire.

CHAPITRE II

Révolution de 89. — Inauguration de la Terreur.

Assemblée nationale ; ses travaux. — La loi électorale en contradiction avec son principe, pourquoi ? Réponse de Marat ; protestations de Desmoulins, de Robespierre. — Importants débats sur la peine de mort ; chefs-d'œuvre d'éloquence, de raison et de bon sens. — La peine de mort est conservée ; joie de Marat ; fausseté de son principe. — La loi martiale, instrument d'abus ; le chômage. — Inconséquences des Constitutionnels. — La TERREUR est inaugurée. — Marat se prépare au combat. Son portrait ; sa mission, son rôle ; sa doctrine sanguinaire et anarchique. Utilité de son art prophétique. Sa mort prématurée fut un malheur pour le peuple.

L'époque de la Révolution étant venue, les trois anciens ordres de la nation se réunirent en 1789 à Versailles. Ils ne s'accordèrent point sur les formalités à suivre, sur les réformes à opérer. Autrefois on avait délibéré par ordre ; ce fut encore le désir de la *noblesse* et du *clergé ;* mais le *tiers-*

état voulut la délibération en commun et le vote par tête. Les députés du *tiers* se constituèrent en Assemblée nationale à laquelle se réunirent beaucoup de membres du clergé, et le 20 juin, ils se rassemblèrent en séance extraordinaire dans la salle d'un jeu de paume. Ce fut dans cette salle et ce jour-là même qu'eut lieu le serment mémorable du Jeu-de-Paume. La Constituante a légué aux générations futures un tableau animé par l'aspect saisissant et très-éloquent des figures de cette séance. Placé dans une des galeries du palais royal de Versailles, ce tableau offre aux spectateurs étonnés les portraits suivants : Barnave, l'abbé Sièyes, l'abbé Grégoire, le chartreux dom Gerle, le protestant Rabaud-Saint-Étienne, l'orateur Mirabeau, Pétion si rouge de mine, et derrière lui, la figure blême et imposante de Robespierre. A l'exception d'un seul, tous firent le serment solennel de ne « se séparer jamais sans avoir donné une constitution à la France et rétabli l'ordre public sur des bases solides et durables. »

A partir de ce jour, l'Assemblée marcha directement à la victoire ; elle conquit le clergé et dompta la noblesse, et, le 14 juillet, la prise de la Bastille par le peuple lui assurait la soumission de la royauté. Son triomphe fut couronné de succès par la nuit du 4 août, pendant laquelle la féodalité fut détruite.

L'Assemblée commença ses travaux : organisation municipale et militaire, organisation de la justice, division de la France en départements, division administrative, CONSTITUTION, fut l'affaire de peu de temps.

En définissant la loi électorale, l'Assemblée divisa la société en citoyens actifs et citoyens passifs. Les citoyens actifs seuls avaient droit au vote et à la garde nationale, à la condition d'être âgés de 25 ans accomplis, et être en état de payer une contribution directe de la valeur locative de trois journées de travail. Les journaux protestèrent : « Ils ont commencé, dit Marat, par exclure provisoirement de la garde nationale les classes indigentes ; leur but est d'armer les riches contre les pauvres laissés sans armes.... » — « Quand le pauvre est appelé à la défense des frontières, disait Camille Desmoulins, lui demande-t-on ce qu'il paie d'impôt ? Et ces citoyens qu'on déclarait passifs quand il y avait à voter, les déclarerait-on passifs quand il y aurait à mourir ?... » Robespierre à la tribune de l'Assemblée nationale : « Ceux qui ne paient pas certaines contributions sont-ils esclaves ? sont-ils sans intérêts dans la chose publique ? Tous ont contribué à l'élection des membres de l'Assemblée ; ils vous ont donné des droits à exercer sur eux ; vous en ont-ils donné contre eux ? Sont-ils esclaves, oui ou non ? Je rougis d'avoir à le demander. — Vous avez reconnu que *tous les citoyens étaient admissibles à toutes les fonctions, sans autres distinctions que celles des vertus et des talents*, et voilà que vous violez ce grand principe!... Reconnaissons donc la dignité de l'homme... La loi doit être faite pour protéger les faibles. »

Au nom du comité de législation criminelle, Lepelletier de Saint-Fargeau vint demander à l'Assemblée si l'on conserverait ou abolirait la peine de mort. M. de Robespierre, prenant la parole, répondit :

« Je prie les législateurs d'effacer du code des Français ces lois sanguinaires qui commandent des meurtres juridiques. Je veux leur prouver que la peine de mort est essentiellement injuste... La société qui a la force de contenir un coupable, de l'enchaîner et le rendre impuissant, n'a pas le droit de le tuer... Aux yeux de la justice, ces scènes de mort que la société ordonne avec tant d'appareil ne sont pas autre chose que de lâches assassinats juridiques; ce sont des crimes solennels commis par des nations entières... Les juges ne sont pas toujours sûrs de la culpabilité de l'accusé : ne pouvant se donner pour infaillibles, ils n'ont pas le droit de prononcer une peine irréparable. Pourquoi vous condamner à l'impuissance de tendre une main secourable à l'innocence opprimée? A quoi servent vos stériles regrets d'avoir condamné à mort un innocent? Ce ne sont que de tristes témoignages de la barbarie de vos lois pénales ! Ravir au coupable la possibilité d'expier son forfait par le repentir ou la vertu, est à mes yeux le plus horrible raffinement de cruauté... Je conclus à ce que la peine de mort soit abolie. »

M. Pétion : « Les hommes ne se réunissent en société que pour se protéger et pour se défendre ; ils unissent leurs forces en commun à cause de leur faiblesse individuelle. Le soin de leur existence est le plus puissant mobile qui les anime et les dirige sans cesse. Aucun homme n'entend céder au législateur le droit de lui ôter la vie et ne consent point librement à être puni de mort. N'est-ce pas à la nature à reprendre dans son cours le dépôt précieux qu'elle lui a confié ? Devancer ce temps est une folie ou un crime... La peine de mort est contraire aux principes de l'Évangile qui nous commande de ne pas faire à autrui ce que nous ne voudrions pas qu'il nous fût fait... Fatale loi du talion, c'est toi qui as égaré presque tous les législateurs ! C'est à toi qu'on doit imputer la peine de mort. Maxime injuste et détestable qui enseigne de se venger du meurtre par le meurtre ! C'est cette loi-là qui dit : Rendez crime pour crime, barbarie pour barbarie, supplice pour supplice... Comme vous, je veux qu'un coupable soit puni, mais ce n'est pas en abrégeant sa vie par un meurtre; c'est en prolongeant sa peine, en l'appliquant à tous les moments de son existence ; rejetez donc la peine de mort. »

Après avoir longuement expliqué que l'infamie ne touche point le coupable, et que la mort n'est pour lui qu'un mauvais quart d'heure, Adrien Duport conclua à l'abolition de la peine de mort, et que la loi répressive fût fondée seulement sur LA SIMPLE PRIVATION DE LA LIBERTÉ... « Croyez-vous, dit-il, que c'est pour sauver un coupable que nous parlons? Non, sans doute, il doit être puni; mais nous vous proposons un moyen sûr d'apprendre aux hommes à respecter la vie de leurs semblables; nous désirons que vous leur donniez votre propre exemple, et que vos institutions n'atténuent pas les sentiments que la nature a mis dans leurs cœurs. Elle se révolte en voyant un homme massacré de sang-froid par plusieurs autres : Éloignez de vos yeux ce spectacle déchirant[1]. »

Ces beaux discours trouvèrent au dehors un fidèle écho. L'auteur des *Lettres b........t patriotiques* écrivit : « Je ne veux plus qu'on tue. En pendant un homme qui a commis un grand crime, on en commet un plus grand que lui... — La loi qui tue prêche le meurtre. — Le législateur, en ayant horreur de verser le sang de l'homme, donnerait une aversion si profonde pour le meurtre, que la multitude se dirait : Mais c'est donc bien abominable de détruire l'œuvre d'un Dieu, puis-

[1] Voyez le *Moniteur* du 1er au 4 juin 1791.

que la loi ne l'ose pas? — Voulez-vous être moins coupables? changez vos mœurs. »

Tout cela fut inutile; l'Assemblée conserva la peine de mort. « La peine de mort consiste dans la simple privation de la vie, sans qu'il puisse jamais être exercé aucune torture envers les condamnés... Tout condamné à mort aura la tête tranchée. »

Marat, qui désirait voir couler le sang des coupables, fut transporté de *joie*, et fit ses éloges à l'Assemblée : « Elle a décrété avec raison que la peine de mort serait réservée pour les grands crimes, question sur laquelle nos fidèles Pétion et Robespierre avaient établi un sentiment qui fait honneur à leur sensibilité, mais sujet à des inconvénients trop graves pour être adopté. » Ce fut conformément aux principes de Marat que l'Assemblée conserva la peine de mort. Deux ans après, beaucoup de législateurs qui votèrent cette loi néfaste, périrent sur l'échafaud. Selon Marat, *le salut public* est la suprême loi. Ce fut en vertu de ce principe, digne des siècles d'ignorance, qu'on fit mourir tant de monde. Ce fut en vertu de ce grand intérêt, *le salut du peuple*, que chaque parti, tour à tour vainqueur, décima les autres. Le meilleur principe est celui qui inspire des lois humaines, des lois qui consacrent l'inviolabilité de l'existence et condamnent l'oppression et les peines rigoureuses.

Afin de disperser les attroupements, la Constituante avait mis en vigueur *la loi martiale*, en vertu de laquelle les autorités civiles doivent commander la fusillade sur les rassemblements suspects, après trois sommations exécutées avec la présence du drapeau rouge. L'abus qui pouvait être fait de cette loi fut prouvé par le massacre du Champ-de-Mars, où, en présence du maire Bailly et *à son insu*, il fut tué sur l'autel de la patrie une centaine de personnes inoffensives : hommes, femmes, enfants. Après la fusillade, on n'entendit que des lamentations : O ma mère ! ô mon mari ! ô mon fils !... Cette affreuse tragédie, dont la trame fut ourdie par les meneurs du parti constitutionnel, fit naître dans l'esprit du peuple des projets de vengeance, des haines qui s'assouvirent sous la Terreur.

On sait que le chômage rend quelquefois les ouvriers indigents au désespoir et les prédispose à des soulèvements, au pillage et au meurtre. Il est donc urgent que l'autorité y porte un remède efficace. Mais quand on ne peut protéger les travailleurs contre les coups de l'adversité, on doit les contenir par des mesures sages et humaines. Contre les émeutes souvent causées par la faim, la Constituante ordonna l'exécution de la loi martiale. Cette rigueur excessive décida de son impopularité. On applaudit bientôt Robespierre déclarant la société obligée de pourvoir à la subsistance de tous ses membres... Une autre révolution était proche, et si elle fut terrible, ce fut autant la faute des constituants que celle des partisans de l'ancien régime.

Ainsi fut creusé par les meneurs de l'Assemblée constituante, l'antique abîme qu'ils pouvaient combler. Par eux fut tracée cette ligne de démarcation qui sépare le peuple de la bourgeoisie. Décréter des citoyens actifs, jouissant des droits politiques à l'exclusion et au préjudice des autres citoyens, c'était détruire l'unité sociale; c'était, à l'instar de Luther, diviser le monde en élus et réprouvés. Dualisme funeste qui a tant causé de meurtres et versé de sang! Que n'adoptèrent-ils ces principes éternels dont les lois sont immuables et sont pour tous un garant infaillible de sécurité. A une époque moins orageuse, l'auteur d'*Émile*, prédisant les révolutions futures, prévint les hommes de se tenir en garde. « Le grand, dit-il, devient petit, le riche devient pauvre, le roi devient sujet. Ces coups du sort sont-ils si rares que vous puissiez compter d'en être exempts? Qui peut vous répondre de ce que vous deviendrez alors? » Comme garantie nécessaire, Robespierre proposait souvent aux législateurs d'établir des lois protectrices des faibles, des lois qui procurassent une garantie suffisante aux innocents opprimés et calomniés. Ces sages propositions furent constamment repoussées par

MM. Barnave, Rabaud-Saint-Étienne, Le Chapelier, Thouret, puissants orateurs et membres du comité de constitution. Ayant toujours été au faîte de la puissance, ils crurent qu'il en serait toujours de même; mais il en fut autrement. Sous la terreur, ils comparurent tous devant le tribunal révolutionnaire et furent jugés par des ennemis implacables. Ah! ce fut alors qu'ils durent comprendre combien les coups du sort sont fatidiques, et combien il est utile, pour la sûreté de tous, que les lois protégent les faibles et les opprimés.

Ce fut par la division sociale, par les décrets relatifs à la peine de mort et à la loi martiale, que la Terreur fut inaugurée en France. Elle avait été conçue en soi par les injustices du passé; elle fut envenimée par celles du présent. De grands périls, des maux affreux, fruits de la trahison et de la perfidie, suffirent pour la mettre en action et la rendre permanente.

Ce fut alors qu'on vit Marat, ce prophète du soupçon, organiser la défiance et prêcher la fureur à pleins poumons. On vit cet apôtre du meurtre exciter le peuple à la révolte et couvrir les murs de Paris d'affiches homicides. Durant les massacres de septembre, il écrivit, au nom du comité de surveillance, une circulaire destinée à plonger toute la France en une sorte de Saint-Barthélemy. « Abattre 5 à 600 têtes de machinateurs, » lui parut une mesure de salut public...; mais faisons la biographie de ce roi de la Terreur.

Marat était mal fait : taille rabougrie, corps petit, tête à l'aspect orgueilleux dont le front rayonne et fuit; le nez écrasé, les lèvres difformes annonçant le sourire du mépris, la voix dure, la face d'un jaune cuivré, les yeux pleins d'audace et le regard d'un prophète; de longs cheveux gras enveloppés d'un madras rouge et sale comme ses vêtements; autour du cou, un mouchoir grossièrement noué : voilà l'homme à la démarche convulsive que le montagnard Levasseur considéra avec « la curiosité inquiète qu'on éprouve en contemplant les insectes hideux; » voilà l'amant de Mme la marquise de Laubépine.

Né en Suisse, le 24 mai 1743, Marat était d'une nature si précoce, qu'à l'âge de cinq ans il aurait voulu être maître d'école, à quinze professeur, et auteur à dix-huit. Il avait un caractère si violent, qu'enfermé dans une chambre par punition, il se précipita par la croisée sur le pavé, et se fit au front une blessure dont la marque resta; et un jour, souffrant de douleurs d'entrailles, il voulut forcer un chirurgien à lui ouvrir le ventre. Sitôt qu'il fut reçu docteur en médecine, il se livra à l'étude de toutes les sciences nécessaires à son instinct révolutionnaire. Il déclara la guerre aux renommées, essaya d'abaisser les réputations. Dans un ouvrage qu'il publia en réponse à l'*Esprit* d'Helvétius, il traitait avec dédain Locke, Condillac, Malebranche; il bafouait le triomphant Voltaire, et essayait de détrôner Newton; il accusait Lavoisier de s'être approprié le génie d'un autre : seul, Jean-Jacques reçut ses hommages. Marat aimait la gloire, et ce fut par jalousie qu'il généralisa ses attaques. On le vit aux élections de 1791 tourner les députés en risée : « Cérutti? caméléon subtil; Broussonet? mauvais singe de Pastoret. — Et Pastoret? doucereux intrigant, au regard faux, au poil roux, etc. » — « Souviens-toi, écrivait-il à l'adresse de Brissot, souviens-toi de la fable du singe et du chat. Tu éprouves le sort de tous les hommes à caractère indécis. Les patriotes clairvoyants n'ont point de confiance en toi, et les ennemis de la patrie te détestent. »

Il poursuivit les renommées jusqu'au tombeau, même celles qui avaient été le plus honorées. Il écrivit de Mirabeau : « Peuple, rends grâces aux dieux! ton plus redoutable ennemi vient de tomber sous la faux de la Parque : Riquetti n'est plus! Il meurt victime de ses nombreuses trahisons... bénis la justice céleste... » Ce qui rendait Marat si furieux, c'était Mirabeau déposé au Panthéon. Il déclara que si on se souvenait de ce qu'il avait fait pour la patrie, et qu'on voulût lui décerner une place à Sainte-Geneviève, qu'il protestait hautement contre cet affront, ne voulant pas être en si mauvaise compagnie.

Il annonça lui-même quel serait son rôle : « J'attaquerai les fripons, je démasquerai les hypocrites, je dénoncerai les traîtres, j'écarterai des affaires publiques les hommes avides et lâches. » D'abord il déclare qu'il est *l'œil du peuple*. Du fond des souterrains où il habite, il médite, il soupçonne, il cherche à découvrir les moteurs de quelque conspiration ; il promet discrétion à l'égard de quiconque lui fournira des renseignements accusateurs ou lui fera part de quelque complot. Après avoir rassemblé toutes les délations particulières et terminé son réquisitoire, il l'insère dans le prochain numéro de *l'Ami du Peuple*, que distribuent les laitières de Vincennes et de Saint-Mandé. C'est ainsi qu'il livre ses adversaires à l'indignation des faubourgs. Pour l'exécution de ses arrêtés, il dispose du forum et des harengères de la halle. A l'approche d'une insurrection, il devrait être heureux ; mais non : il est inquiet, il craint qu'elle ne réussisse pas. « Quoi ! Paris ne remue pas ?... C'est fini, notre cause est perdue. » Que l'insurrection ait lieu, que sa cause soit gagnée, il sortira de son souterrain et, porté en triomphateur sur les bras de ses séides, il donnera ses ordres sanguinaires. C'est pour attaquer impunément ses ennemis ; c'est pour frapper longtemps qu'il demeure dans les souterrains, qu'il se cache de grenier en grenier. C'est ainsi qu'il attaquera les juges. « M. de Flandre de Brunville, procureur du roi au Châtelet, comment avez-vous imaginé, vous qui devriez être un homme raisonnable, que l'ami du peuple aurait reconnu votre tribunal, lui qui a fait vœu d'écraser la tyrannie? » On le verra manquer de respect pour la Convention qu'il pétrifiera par son audace, « rappelant ses ennemis à la pudeur. » Il ira jusqu'à désigner la Convention comme le siége d'une « cabale vendue à la cour d'Angleterre... » Sur quoi il sera décrété d'accusation et envoyé à l'Abbaye, pour comparaitre ensuite devant le tribunal révolutionnaire. Aussitôt la Commune et les sections prendront sa défense, les faubourgs s'ébranleront, les juges seront intimidés, les jurés seront de ses amis. Il ne se défendra point, seulement il représentera avec beaucoup de finesse que sa mort serait un danger public. Sitôt qu'il aura fini de parler, sa victoire sera certaine : il sera couronné et porté en triomphe.

La fureur de Marat fut une des conséquences de sa doctrine. A Robespierre doutant de la gravité de ses menaces, il dit : « Les cris d'alarme et de fureur, que vous prenez pour des paroles en l'air, étaient la plus naïve expression dont mon cœur était agité. » Sa fureur se changeait quelquefois en une cruauté doucereuse : « Que faire?... *couper les pouces* à tous les valets-nés de la cour et aux représentants de la ci devant noblesse et du haut clergé... Quant aux députés du peuple qni ont vendu au despote les droits de la nation, aux Sièyes, aux Le Chapelier, aux Duport, aux Target, aux Thouret, aux Voidel, aux Barnave, aux Emmery, aux Bureaux de Puzy, aux Prugnon; *empalez-les tout vivants*, et qu'ils soient exposés sur les créneaux du sénat, pendant trois jours, aux regards du peuple. » Toute doctrine qui ordonne le meurtre commande aussi le pillage. Un jour de fermentation à Paris pour cause de disette, Marat sonnant l'alarme dans son journal, ordonna le pillage de quelques magasins à la porte desquels il fallait pendre les accapareurs. Les magasins désignés furent instantanément pillés; seulement, personne ne fut pendu.

Semblable à un volcan en éruption, Marat ne cessa de vomir des imprécations à l'adresse des Girondins qu'il traitait de « misérable faction Rolandine. » Portait-on contre eux un témoignage accusateur, il approuvait du sourire et du geste, puis de s'écrier : *Frappons les traîtres quelque part qu'ils se trouvent; députés*, *ministres*, *généraux*, *frappons les traîtres!* Il n'avait cessé de demander qu'on dépouillât la Convention du « talisman funeste de l'inviolabilité... pour qu'on puisse la lapider si elle oublie ses devoirs, » et afin de prédisposer les députés à rejeter toute garantie favorable aux fonctionnaires publics, le 1er avril 1793, sur la demande téméraire du girondin Birotteau, l'Assemblée rendit le fatal décret qui abolissait l'inviolabilité parlementaire.

Génie soupçonneux et clairvoyant, Marat avait une pénétration extraordinaire. On dut à ses ingénieux procédés de précieuses découvertes, et à sa sagacité de salutaires avertissements. On sait qu'il dénonça Dumouriez douze jours avant sa désertion ; et voici comment il prédit la fuite de Louis XVI : « Une personne attachée au service du roi l'a surpris fondant en larmes dans son cabinet et s'efforçant de cacher ses pleurs à tous les regards... On veut à toute force l'entraîner dans les Pays-Bas, sous prétexte que sa cause est celle de tous les rois de l'Europe... Vous êtes assez imbéciles pour ne pas prévenir la fuite de la famille royale. Parisiens, insensés Parisiens, je suis las de vous le répéter : Ramenez le roi et le dauphin dans vos murs ; gardez-les avec soin ; renfermez l'Autrichienne, son beau-frère, le reste de la famille. La perte d'un seul jour peut être fatale à la nation, et creuser le tombeau à trois millions de Français. »

Marat fut assassiné le 13 juillet 1793 par Charlotte Corday. On fit à ses dépouilles les honneurs du Panthéon. Comme les dieux, il eut des temples, et comme les héros des arcs de triomphe. Son buste, colporté partout, devint, comme celui d'un martyr, un préservatif pour les suspects.

Marat avait de la droiture et de la sincérité.

Son ascendant servit de garantie contre les terroristes dangereux. En rompant tout équilibre entre les partis, sa mort fut un vrai malheur, un malheur incommensurable. Son apostolat sanguinaire fut continué par une tourbe d'hypocrites qui ne s'accordèrent que pour faire le mal ; qui poursuivirent à dessein le citoyen paisible, et envoyèrent à la mort, sans distinction, et l'innocent et le coupable. Ah ! elles seront pénibles à lire les pages d'histoire où seront décrites les scènes de carnage et les exécutions en masse dont la France fut alors le théâtre.

Le Mans. — Impr. Dehallais, Du Temple et Cie.

www.ingramcontent.com/pod-product-compliance
Ingram Content Group UK Ltd.
Pitfield, Milton Keynes, MK11 3LW, UK
UKHW021022200726
13857UKWH00004B/1528